Nichts mit Show
ist Kunst

Kunst ist
Show mit Nichts

Striptease - Kunst als Performance Art

Art Performance als Kunst - Striptease

Striptease als Kunst Performance

Striptease Kunst als Performance

Nichts zum Anziehen kann Kunst sein.

Man muss Nichts nur anders anziehen.

Eine Story, ein Konzept und Fotos.

Story einer Performance Art
mit Fotos internationaler Fotografen
von Modellen, teils mit Nichts gekleidet.

Ulrich Greiner-Bechert

Impressum

Titel:
Striptease als Kunst Performance

Untertitel:
Nichts zum Anziehen kann Kunst sein
(Kunst kann Anziehen zum Nichts sein)

Foto-Nachweise siehe Seite 44

Bibliografische Information der deutschen Nationalbibliothek:
Die Deutsche Nationalbibliothek verzeichnet diese Publikation in
der Deutschen Nationalbibliografie; detaillierte bibliografische Da-
ten sind im Internet über dnb.d-nb.de abrufbar.

Autor und Performanceidee:
© 2018 Ulrich Greiner-Bechert, Mannheim

Herstellung und Verlag:
BoD-Books on Demand, Norderstedt

ISBN: 9783752804430

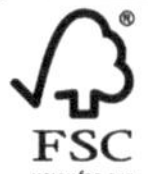

Inhaltsverzeichnis

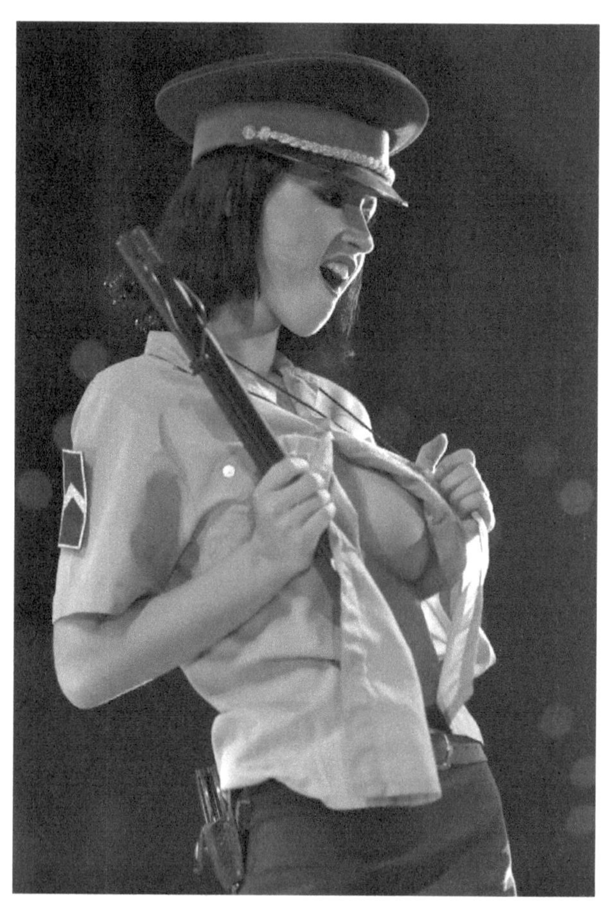

© Marko Rupena - Dreamstime.com

Die Stripperin

Früher war Natascha eine Stripperin.
Sie war jung und brauchte das Geld.
Sie stieg auf eine Bühne, tanzte mit Nichts am Körper und bekam dafür Geld.

Fakt war: Wenn sie die Bühne betrat trug sie zwar ein Kostüm, aber nicht lange. Denn die Zuschauer konnten es kaum erwarten, dass sie begann, das Kostüm auszuziehen. Ein Kleidungsstück nach dem anderen.
Bis sie Nichts mehr am Leib trug.

Natascha bekam Geld dafür, dass sie sich auszog. Von ihrem Chef, dem Besitzer des Stripclubs. Manchmal auch Trinkgeld von den Männern, die ihr zusahen, wie sie strippte.

Wenn sie dann Nichts mehr am Leibe trug, applaudierten die Zuschauer. Natascha und ihr Chef wussten dann, dass die Strip-Show wieder gut war.

Es war ein einfacher Job, fand Natascha.
Sie verdiente Geld für Nichts.
Für Nichts am Leib.

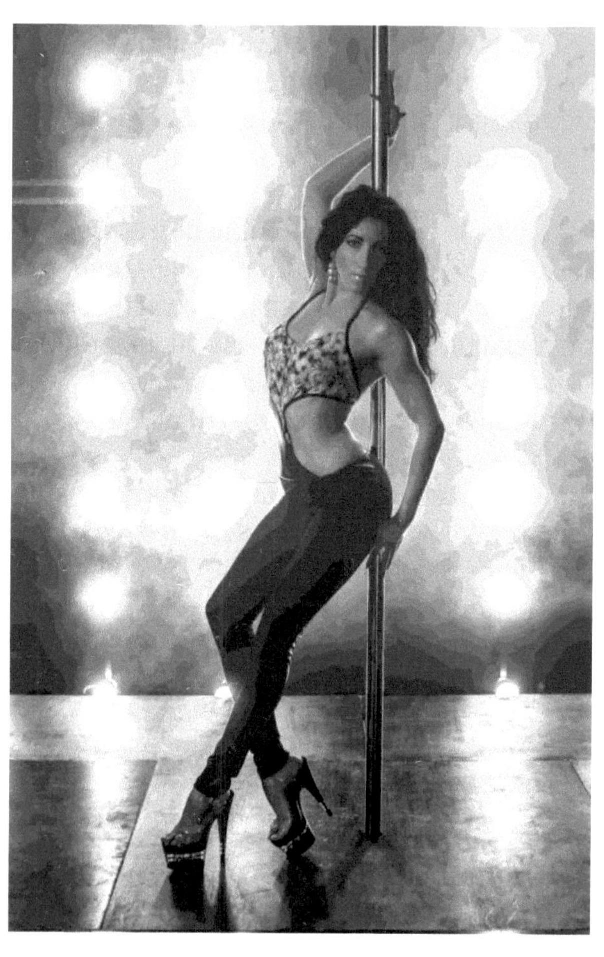

© Maximus117 |-Dreamstime.com

Die Performance-Künstlerin

Heute ist Natascha mehr als eine Stripperin. Jetzt ist sie nämlich eine Performance-Künstlerin. Als Künstlerin verdient sie sehr viel mehr als als Stripperin.

Kunst ist in der Gesellschaft nämlich besser angesehen und auf viel höherem Niveau als Strip-Bars. Kunst interessiert nicht nur Männer, die gerne nackten Frauen beim Tanzen zusehen. Sondern sogar die Experten und die Presse.

Kunst bekommt Kunstkritiken. Über Kunst wird geredet, diskutiert und kritisiert. Mit Kunst ist man im Gespräch, in Funk, Fernsehen, Feuilleton.
Natürlich auch in Kunstkreisen. Auf Vernissagen, Ausstellungen und sonstigen Partys, bei denen der Smalltalk sich nicht nur ums Wetter dreht.

Natascha ist jetzt nicht mehr Stripperin, sondern Künstlerin. Wie ist sie das geworden? Sie macht noch immer Geld aus Nichts. Aber sie macht es auf höherem Niveau. Es ist das Ergebnis einer anderen Sichtweise.

Eine Ansichtssache, die provoziert und fragt.

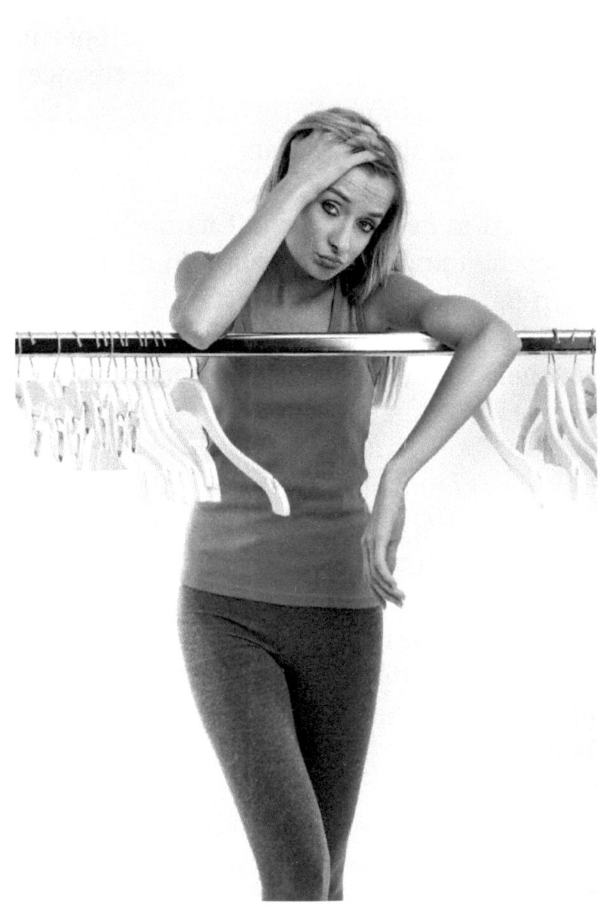

© Konradbak - Dreamstime.com

Das verrückte Paradox

Die Idee zur Performance-Kunst kam Natascha, als sie Nichts hatte. Keinen Job, kein Geld. Von ihren Ersparnissen war ihr Nichts geblieben.

Ein Mal im Monat bekommen Frauen ihre Tage. Tage, an denen sie das Gefühl haben, sie hätten Nichts zum Anziehen im Schrank.

Dann verspüren sie den Drang, sich neu einkleiden zu müssen. Natascha war eine sehr frauliche Frau und sie bekam diese Tage regelmäßig. Aber ohne Job hatte sie kein Geld für neue Klamotten, Schuhe und solche Dinge wie Kosmetik und Accessoires.

Das sind alles lebenswichtige Utensilien für die Aufrechterhaltung oder die Wiederherstellung des Wohlgefühls einer Frau.

Es sei nun dahingestellt, ob es richtig ist, zu schreiben, dass alle Frauen solche Tage haben und dass alle Frauen das Shopping fürs Wohlgefühl brauchen. Und weil ich keinen Bock habe über Verallgemeinerung zu diskutieren gelten die gemachten Aussagen eben nur für unsere Protagonistin Natascha.

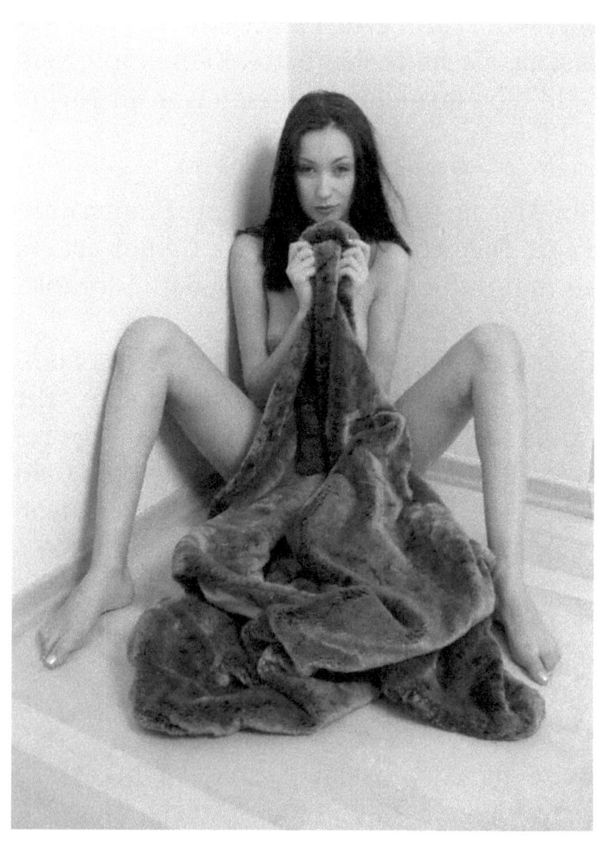

© C.Schueler – cpschueler@gmx.de

Natascha hatte also ihre Tage und fühlte sich schlecht. Ihr war sehr unwohl. Weil sie Nichts zum Anziehen hatte und gerade keinen Strip-Job, bei dem sie Geld für Nichts am Leib bekam, drehte sie fast durch.

Das kann gut sein, denn wie jeder weiß, liegen Genie und Wahnsinn nahe beieinander.

Natascha wurde verrückt bei dem Gedanken, dass sie normalerweise Geld dafür bekam, dass sie Nichts am Leib trug und jetzt Geld brauchte, weil sie etwas kaufen wollte, weil sie Nichts zum Anziehen hatte.

Wie paradox!

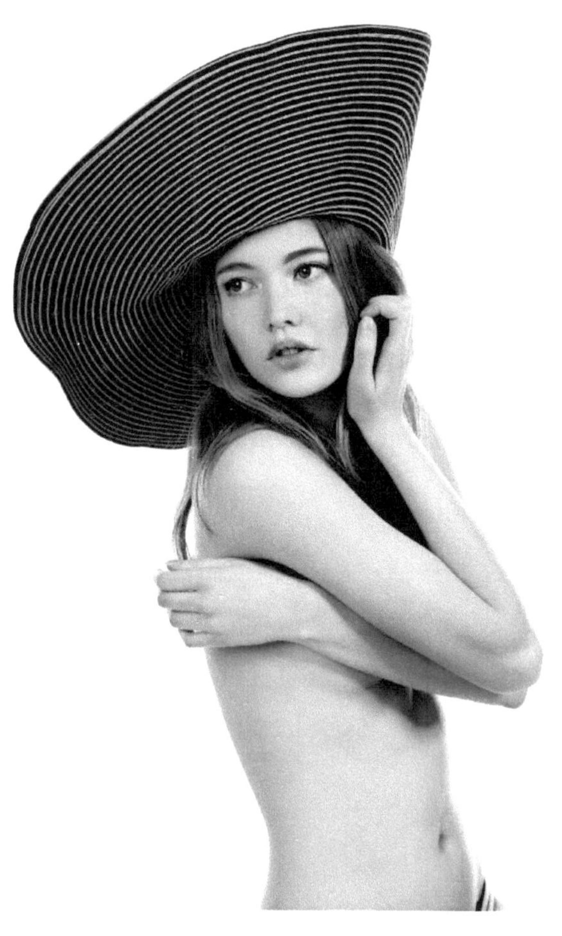

Nichts als ein Hut

In ihrem Wahn hatte Natascha plötzlich die verrückte, geniale Idee, nur das anzuziehen, was sie hatte, nämlich Nichts.

Wobei „Nichts" natürlich relativ ist. Schließlich hatte Natascha ja Kleider im Schrank, aber sie hatte eben das Gefühl, sie hätte Nichts zum Anziehen. Keine Kleider.

Da war zum Beispiel dieser Hut. Sie konnte sich nicht erinnern, ihn je getragen zu haben, da sie Nichts hatte, was zu diesem Hut passte.

Sie zog den Hut auf und betrachtete sich im Spiegel.

Sie hatte sich Nichts angezogen.

Nur diesen Hut.

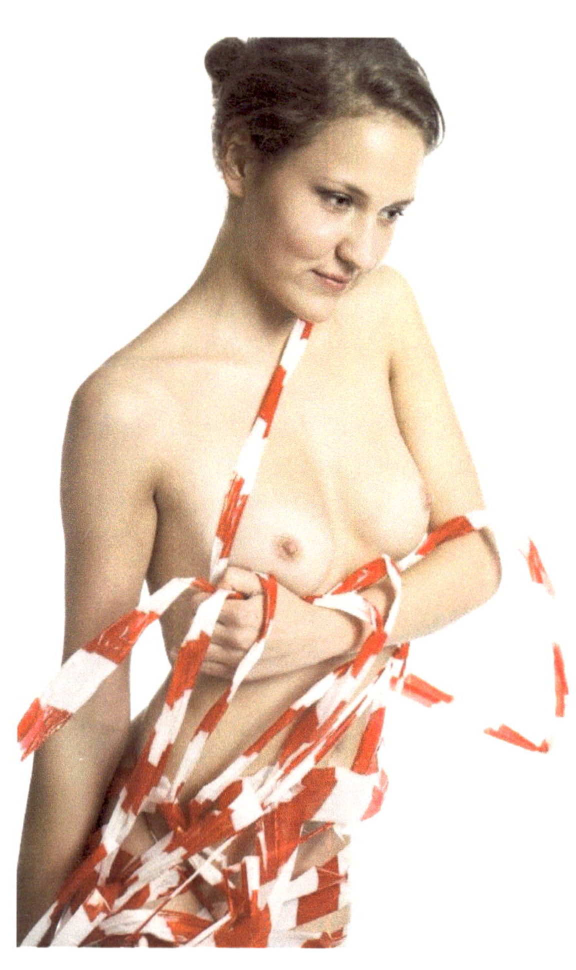

© Aleksandr Frolov - Dreamstime.com

Nichts zum Anziehen

Wenn Natascha keine Kleider, also Nichts zum Anziehen hatte, was könnte sie denn dann anziehen? Was gab es außer dem Hut?

Irgendetwas hat ja jede Hausfrau im Haushalt. Zum Beispiel eine Wäscheleine, einen Müllsack, eine Tischdecke, einen Vorhang.

Lauter Dinge, die Nichts zum Anziehen sind.

Genau diese Dinge wollte sie nun Anziehen: Das „Nichts zum Anziehen" wollte sie anziehen.

Sie sah sich in ihrem Haushalt um und zog Gegenstände an, die nicht zum Anziehen bestimmt waren.
Je mehr Sachen sie anprobierte, desto faszinierender fand sie die Perversion des Nichts an ihrem Körper.

Es war abgefahren, verrückt und genial.

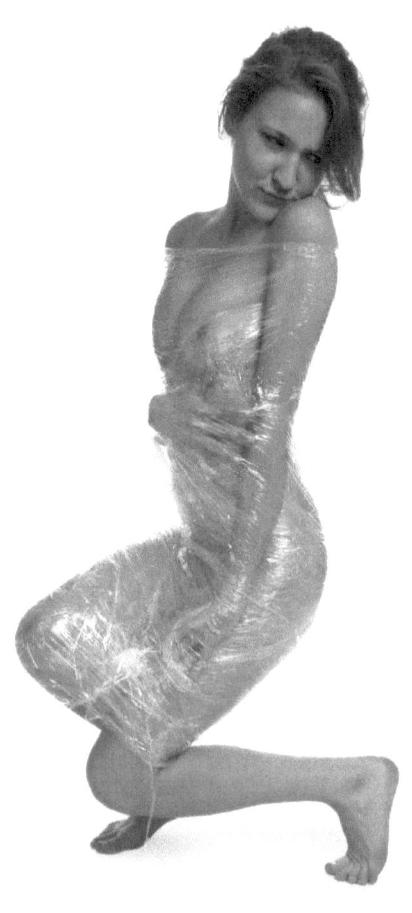

© Aleksandr Frolov - Dreamstime.com

Genie und Wahnsinn

Natascha hatte die Idee, eine Modenschau zu veranstalten mit Models, die Sachen am Leib tragen, die Nichts zum Anziehen sind. Es war eine verrückte und geniale Idee.

Sie nahm einen Koffer und schmiss Dinge hinein, die Nichts zum Anziehen waren. Das Nichts nahm nur wenig Platz ein.

Ein Seil, ein Lippenstift, ein Fächer, ein Apfel und so weiter. Lauter Kram, Nichts besonderes. Aber genau das war das Besondere daran:

Es war Nichts darunter, was nicht jede andere Frau auch zu Hause hat. Üblicherweise. Sie organisierte einen Veranstaltungsraum in einem Hotel, engagierte Freundinnen als Models und veranstaltete eine Modenschau mit dem Thema „Nichts zum Anziehen".

Eine „Show mit Nichts."
Vorgeführt wurde „Nichts mit Show".

Vom Eintrittsgeld bezahlte sie das Hotel und die Models.

Geld für Nichts

Am Ende der Veranstaltung blieb ein Gewinn für sie selbst übrig, denn die Models hatten Nichts zum Anziehen und dieses Nichts hatte Nichts gekostet.
Womit wir fast am Ende der Geschichte sind, und doch wieder beim Anfang.
Natascha hatte mal wieder Geld für Nichts bekommen. Nur, dass sie dieses mal nicht strippte. Sondern ihre Models. Wobei diese weder strippten noch tanzten, sondern schon beim Betreten der Bühne „Nichts zum Anziehen" anhatten. Um dann mit diesem „Nichts" ein wenig auf und ab zu gehen.
Nataschas nächstes Top Model präsentierte: Das nächste Nichts. The Next Nothing.

Natascha selbst trat nicht auf. Außer ganz zum Schluss, beim Finale, als der Disc-Jockey und Moderator die geniale Schöpferin dieser Veranstaltungs-Idee vorstellte und Natascha gefeiert wurde wie ein Star-Designer.
So wie man es kennt. Wie der Star von seinen Models zum Schluss über den Catwalk geführt wird, damit die Fotografen den Stern am Modehimmel ablichten können.

A Star was born.

Provokations-Show

Modenschau kann man die Veranstaltung allerdings nicht nennen, denn es kann keine Mode sein, Nichts anzuziehen.

Das einzige, was diese Präsentation mit den Modenschauen in Paris und Mailand gemeinsam hat, ist die Tatsache, dass dort auf den Laufstegen auch Kostüme vorgeführt wurden, die im wahren Alltagsleben nicht anziehbar sind.

Wie kann man also so eine Vorführung nennen?

Durchgeführt im Stil einer Modenschau, allerdings mit „Nichts zum Anziehen"?

Eine Show die provoziert.

Eine Provokations-Show. Was ist das?

Was ist eine vorgeführte Provokation?

Na?

Natürlich Kunst.

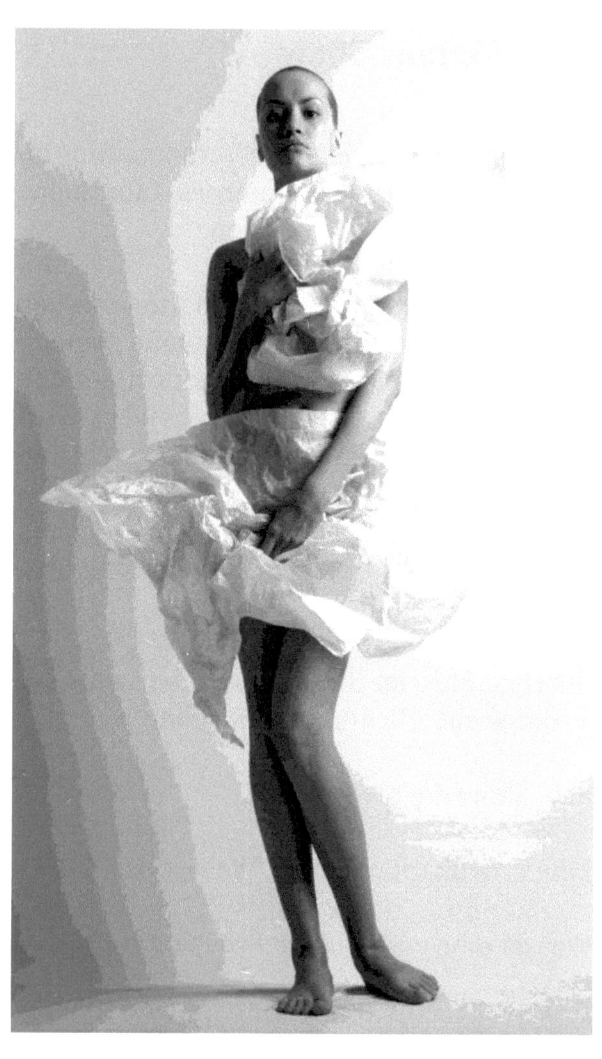

© George Mayer – Dreamstime.com

Performance Art

Was schreibt Wikipedia über Performance Kunst?

Unter anderem dies:
Performance, abgeleitet vom englischen Begriff „performance art", ist ein Konzept, in dem Widerspruch und Meinungsverschiedenheit bereits enthalten sind. Es kann keine allgemeinverbindliche Definition des Wesens von Performance geben. Die Widersprüchlichkeit rivalisierender Deutungen und Bedeutungen sind einer der wesentlichen Bestandteile des Begriffs Performance. Die der Kunstrichtung Performance innewohnende Überwindung jeglicher Regelästhetik ist demnach folgerichtig. Es gibt semantische Überschneidungen zum Begriff Aktionskunst.

Quelle:
http://de.wikipedia.org/wiki/Performance_(Kunst)

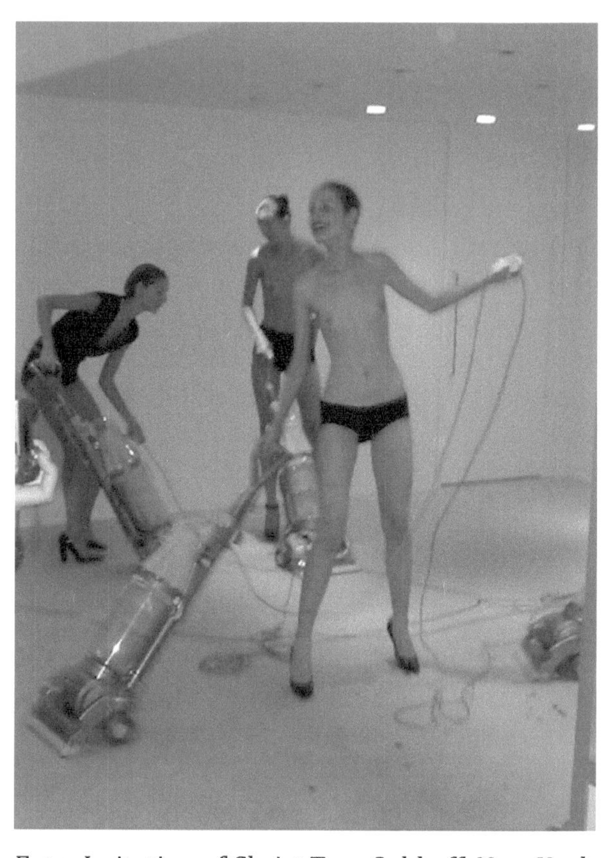

Foto: Imitation of Christ Tara Subkoff, New York
Foto by David Shankbone, New York City, 2002
© David Shankbone Creative Commons 2.5

Aktionskunst als Performance

Zu Aktionskunst findet man bei Wikipedia dies:

Die Aktionskunst wird auch als Teil oder vereinfachte Umschreibung der künstlerischen Performance gesehen. ...

Es sollen Zustände des Äußeren und Inneren in ein Spannungsfeld gebracht werden. Die Grenzen zwischen Kunst und Leben werden so überprüft, oder auch in einen fließenden Übergang gebracht...
Oft findet Aktionskunst im öffentlichen Raum statt und provoziert bewusst eine Reaktion oder auch das Einschreiten der Polizei...
Quelle:

http://de.wikipedia.org/wiki/Aktionskunst

Auf der links gegenüberliegenden Seite ist ein Foto von Models, die nackt mit Staubsaugern hantieren. Dies geschah 2002 während einer Performance namens „Imitation of Christ 4" Mehr darüber kann im Internet recherchiert werden, eine Diskussion über dieses Foto findet man auch.

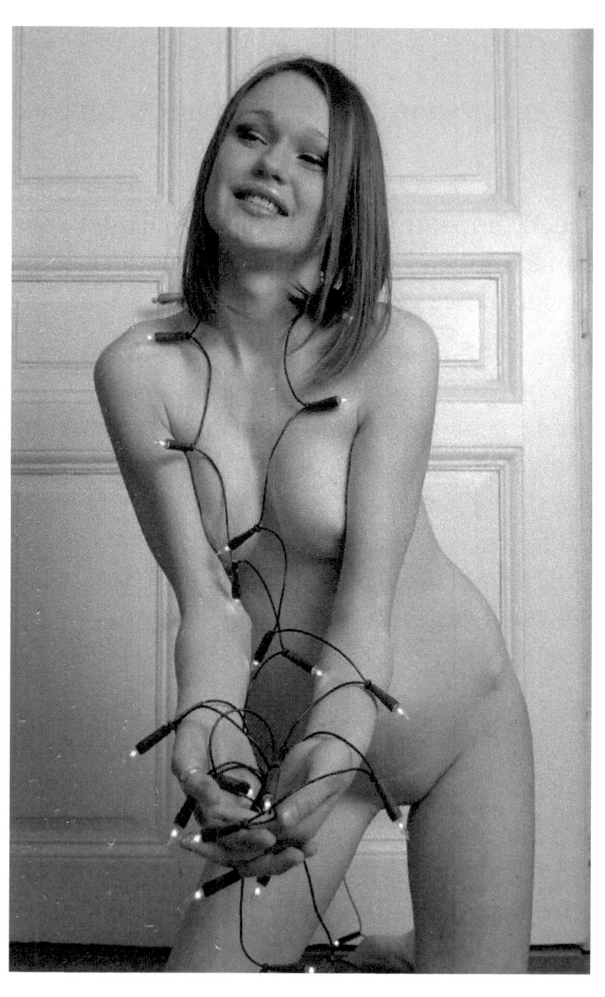

© C.Schueler – cpschueler@gmx.de

Die Kunst mit Nichts

So kam es, dass Natascha, die ehemalige Stripperin zu einer Performance-Künstlerin wurde.

Das Werk „Nichts zum Anziehen" oder „Nichts mit Show" oder umgedreht gelesen ist weit mehr als die einfache Darstellung, die eine Nackt-Tänzerin in der Strip-Bar bietet. Obwohl auch ein Tanz zur Kunst gezählt werden kann.

„Show mit Nichts" ist mehr als ein Tanz, denn diese Performance Art enthält den Widerspruch in sich selbst, denn das „Nichts zum Anziehen" ist nie gegeben, den jeder hat irgendetwas zum Anziehen.

Die Performance „Nichts mit Show" stellt außerdem die Frage, ob ein Accessoire schon mehr als ein „Nichts" ist, denn schon das Tragen von z.B. nur einer Sonnenbrille ist ja bereits mehr als ein „Nichts".

Dennoch ist das Accessoire alleine zu wenig, um nur mit diesem Teil in die Öffentlichkeit unter Menschen zu gehen.

Die Allgemeinheit würde sagen, die Person trüge ja wohl „Nichts", liefe nackt herum, also mit „Nichts zum Anziehen"

Noch eine provokante Frage:

Ist die Show überhaupt eine
„Show mit Nichts"?

Die Künstlerin

Ist Natascha eine Performance-Künstlerin? Gemäß der Definition muss der Künstler selbst die Performance bieten und sie sollte individuell sein und etwas Einmaliges enthalten.

Es ist inzwischen unbestritten, dass der Schöpfer eines Gemäldes nicht unbedingt selbst malen muss, denn die schöpferische Kunst besteht in der Idee, was gemalt werden soll. Das Pinselschwingen kann ein Maler machen, der Inhaber des Werkes und wahre Meister ist immer derjenige, der die Idee zum Bild hat.

Ebenso ist der Schöpfer eines Fotowerkes nicht immer und unbedingt der, der auf den Auslöser der Kamera drückt. Die Kunst besteht in der Wahl der Ortes, des Models.
Was auf dem Foto sein wird, ergibt sich aus den Anweisungen an das Model, die Vorschrift der Pose und der Bestimmung des Zeitpunktes, an dem das Foto gemacht wird. Wer den Auslöser drückt ist egal.

Es gibt auch einen Künstler, der lässt seine Kunstwerke aus Metall von einer Firma bauen.

Das Werk hat der geschaffen, der die Idee
hatte und sie realisiert hat. Nataschas Kunst
ist die Präsentation der Spannung zwischen
Nichts und Kleidung am Leib.
Das Werk „Show mit Nichts" bildet die provokante Spannung ab. Zeigt sie.

Der Betrachter des Werkes sieht die Kunst
als Performance-Vorführung auf einer
Bühne, präsentiert von Natascha durch Ein-
satz von Models, die nach ihren Vorgaben
auftreten.

Der Betrachter könnte die Kunst aber auch
auf einem Bild dargestellt sehen, statt auf einer Bühne.
Wäre Natascha eine Bildschöpferin, so sähe
der Betrachter die Kunst in einem Bild, auf
dem ein Modell nach Vorgaben posiert.
Das Bild könnte ein Foto sein oder ein Ge-
mälde. Das Bild könnte auf einem Fotopapier
oder einer Leinwand sein. Ein Fotograf oder
ein Maler hätten das Bild gemacht.

Aber geschaffen hat das Kunstwerk der
Künstler, der die Idee zum Inhalt hatte, der
auf dem Bild zu sehen sein soll.

Also Natascha.

Um die Kunstfrage noch mehr zu verwirren
gilt das im Folgenden gesagte:

Natascha existiert nur in einer Idee zum
Nichts.

Schöpfer des Werkes

Die Idee zur Performance und zu diesem Buch hatte Ulrich, der Autor dieses Buches. Er entdeckte im Internet das Foto einer Stripperin mit Geldscheinen im Slip. Er erkannte auf dem Foto, dass eine Frau, die „Nichts" trägt, durch dieses Tragen von „Nichts" Geld verdienen kann.
Kurz: „Nichts" kann Geld bringen.

Daraus folgerte die Frage, ob „Nichts zum Kleiden" gleichzusetzen ist mit „Nacktheit" und diese immer mit „Geld" belohnt wird.
Annahme: „Ja."

Wenn dies die Regel und eine Formel wäre, müsste doch jede Frau, die Nichts zum Anziehen im Schrank hat, mit ihrer Nacktheit Geld verdienen können.
„Nichts zum Ankleiden" ist folglich nichts Schlimmes, sondern generiert Einkommen.

Formel:
„Nichts zum Anziehen" = „Nackt" = „Geld"
Rückwärts gelesen: Geld für Nichts!

Stimmt diese Formel?
Ja. Manchmal. Wie z.B. in Strip-Bars.

Ulrich stellte sich weitere Fragen:
Warum gilt die Formel nur in Strip-Bars? Was passiert, wenn Nacktheit außerhalb des geächteten Rotlichtmilieus vorgeführt wird?

Ist die Formel auch außerhalb der einschlägig bekannten Rotlichtszene anwendbar?

Ulrich sinnierte über die Nacktheit und forschte nach der Grenze, ab wann Nacktheit Geld generiert.

Er stellte fest, dass Nacktsein an vielen Orten ein normaler Zustand ist und niemanden aufregt. Wenn aber bestimmte Faktoren, die dem Normalen widersprechen, hinzukommen, wird Nacktsein interessant und kann zu Geldeinnahmen führen.

Fazit: Wenn Nacktzeigen zur Kunstperformance wird, kann damit außerhalb der Rotlicht-Bars Geld verdient werden.

Dem Fazit folgte die Schaffung dieses Werkes. Natascha ist also die Kreation des Autors dieses Kunstwerkes „Nichts zum Anziehen",

oder:

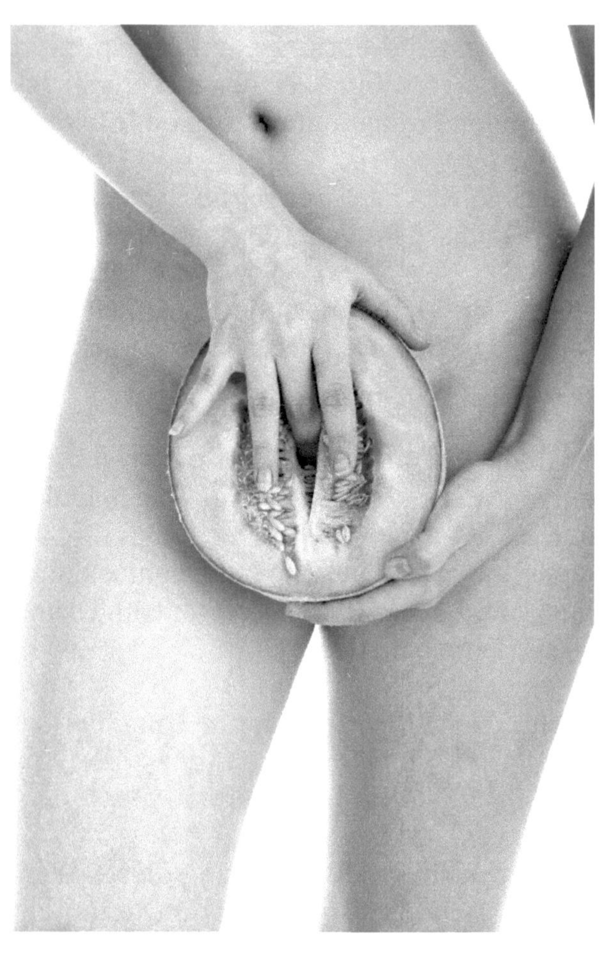

© Dmitri Mihhailov – Dreamstime.com

Kunst ist Show mit Nichts.

Oder anders herum:

Nichts mit Show ist Kunst

Eine Performance Art.

Kunst, darstellbar auf einer Bühne als Show,
in Bildern auf Vernissagen, oder im Buch.

Dies ist das Buch.

Eine Vernissage ist schon geplant.

Wer kauft die Rechte an der Show?

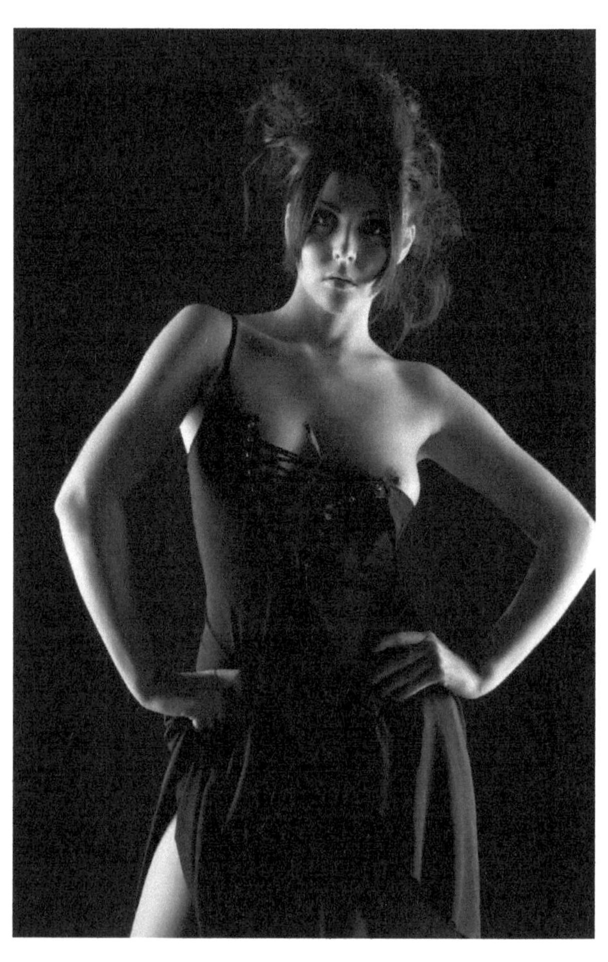

© Lev Dolgachov – Dreamstime.com

Nacktsein. Oha! Oder nicht?

Nacktsein ist normal, zu Hause, alleine. Nacktsein zu zweit, im Bett, ist normal und nicht provokant. Nacktsein am Baggersee oder in der Sauna ist normal, aber nicht provokant, da ortsüblich. Nacktheit in einer Strip-Bar ist normal, gut präsentiert, aber nicht provokant, da ortsüblich.

Nackt im Stadion über das Sportfeld zu flitzen ist verrückt. Es ist eine nicht normale Präsentation der Nacktheit vor vielen Zuschauern. Nackt an einem Ort, wo niemand mit Nacktheit rechnet. Eine Provokation! Die Presse berichtet darüber. Oha!

Nackt bei einer Partyveranstaltung, weil zufällig der Träger des Kleides rutscht, ist eine Zurschaustellung der Nacktheit, die normalerweise nicht vorkommt. Sie überrascht den Zuschauer an einem Ort, wo Nacktheit nicht üblich ist, aber die ungewollte Nacktheit provoziert nicht, da sie ungewollt gezeigt wurde.
Es war also keine Provokation.
Betrachten wir den Sonderfall, wenn dies einem Star passiert. Dann berichtet die Presse darüber.

Weil es dem Star normalerweise nicht passieren dürfte. Also unnormal. Die Allgemeinheit fühlt sich provoziert, obwohl der nackte Akteur nicht absichtlich provoziert hat.
Oder indirekt doch?

Zum Beispiel beim skandalösen Nipple Slip von Janet Jackson während einem Gesangsauftritt in der Halbzeitpause eines Superbowl Spiels in USA im Jahre 2004.
Es entstand hinterher eine große Diskussion, wie so etwas passieren konnte.

Ist es normal, ein Kleid anzuziehen, das so verrutschen kann, dass im Falle des Verrutschens Nacktheit an einem unüblichen Ort zur Schau gestellt wird?

Provoziert die Trägerin des Kleides?
Ja. Sie ist wohl bereits halb nackt, denn ein Kleid, das schon durch Verrutschen den Blick auf Nacktheit erlaubt, bedeckt wohl nicht viel vom Körper der Trägerin.

Dass gerade weibliche Stars auf Partys derartig halbnackt angekleidet sind, provoziert die Paparazzi, stets ein Foto schießen zu können, das ihnen Geld bringt.

Nackt bringt Geld. Oha. Schon wieder.

Strip als Kunst

Dita von Teese ist Stripperin. Wirklich? Nein. Sie ist eine hochbezahlte Künstlerin.

Warum?

Sie zeigt keinen „normalen" Striptease. Sie präsentiert eine gut durchdachte, geplante Show, indem sie Gegenstände in ihre Show einbringt, die der Zuschauer nicht erwarten. Oha!

Beispielbilder ihrer extravaganten Show findet man im Internet, wenn man nach Bildern zu ihrem Namen sucht. Legendär sind ihre Badeshows in einem überdimensionalen Champagnerglas. Auch tritt sie in einem Vogelkäfig auf. Sie ist eigentlich nie ganz nackt, sondern ein „Nichts" bekleidet ihren Busen, meist nur die Brustwarzen. Nichts und nackt. Oha!

Hinzu kommt die Ungewöhnlichkeit des Ortes ihrer Zurschaustellung: Sie tritt nicht in einer Nachtbar auf, wo Stripshows normalerweise gezeigt werden, sondern bei Veranstaltungen, wo man eine Stripperin nicht erwartet. Oha!

Das Volk bezeichnet sie als Stripperin, aber sie ist eine Künstlerin und ihre Gage erheblich höher als die einer Nackttänzerin in einer Bar. Oha!

Sie ist in Wikipedia erwähnt. Ein Star. Olala!

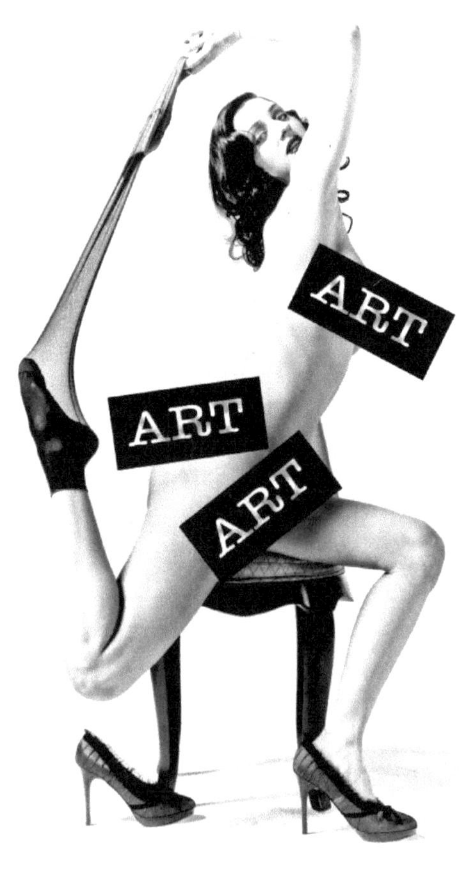

© Dimitrii – Dreamstime.com

Nackt wird Kunst

Nacktheit ist nur interessant, wenn sie an einem Ort präsentiert wird, wo sie normalerweise nicht zu sehen ist und wenn sie die Zuschauer provoziert oder fasziniert. Je besser die Zurschaustellung durchdacht ist desto eher fasziniert sie den Zuschauer; z.B. beim Striptanz.
Darstellung an ungewöhnlichen Orten provozieren. Absichtliche Provokation die gut durchdacht ist, hat die Chance, Kunst zu sein. Weil der Zuschauer sich fragt, ob dies jetzt noch normal ist, oder schon verrückt.

Mike Krüger hat ein Bühnenstück entwickelt mit dem Titel: „Ist das Kunst oder kann das weg?" Schon die Frage zeigt, dass es Kunst ist.

Die Frage nach der Verrücktheit oder Kunst erübrigt sich, wenn der Veranstaltungsort eine Kulturstätte ist, wo man künstlerische Darbietung erwartet:
Eine Nackte auf der Bühne in einem Theater ist zwar ein ungewöhnlicher Ort für die Zurschaustellung von Nacktheit, aber für den Zuschauer wird sie hier schon deshalb Kunst, weil er sich in einem kulturell hoch angesehenem Gebäude befindet. Er zahlt viel Geld, um Kunst bzw. die Vorführung, Show zu sehen.Er sieht also eine Show mit Nichts und die ist Kunst.

Kunst ist Nichts mit Show, oder andersrum:
Show mit Nichts ist Kunst

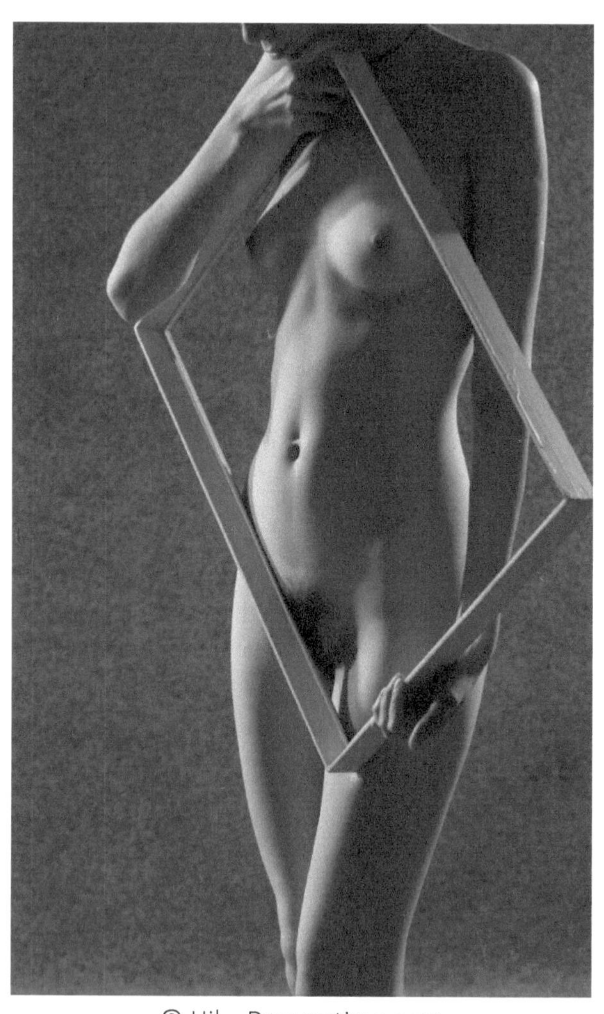

© Hjl – Dreamstime.com

Natascha wurde Künstlerin

Die Stripshow Nataschas in einer Nachtbar war eine normale Tanzvorführung auf einem niedrigen Niveau. Sie war an diesem Ort von der Gesellschaft akzeptiert und die Tanzkunst nur ein Strip, wenn auch gut getanzt.

Eine Gogo-Tänzerin, die in einer Discothek an einer Stange tanzt, mag zwar ein schöner Anblick sein, vielleicht ist sie auch eine besonders gute Darstellerin, aber sie wird nie ein Star. Da sie an diesem Ort nichts Ungewöhnliches zeigt.

Natascha brach aus ihrem Umfeld aus. Sie ergänzte zur normalerweise vom Publikum erwarteten Nacktheit ein „Nichts", deklarierte es als Kunst und führte die Show an einem Ort auf, wo Nacktshows nicht erwartet werden: Auf einer Bühne, den Brettern, die die Welt bedeuten und auf denen nur Kunstwerke präsentiert werden.
Der Titel der Vorführung enthält einen Widerspruch der Spannung schafft und provoziert:

   „Show mit Nichts"

So wird Nichts zur Kunst.

Fotografen

Foto Titelseite: © Alan Webber, Dreamstime

Rückseite oben: © Branislav Ostojic, Dreamstime

Rückseite unten: © Harry Vorsteher, Dreamstime

Hinweis:

Die Personen auf den Fotos sind Fotomodelle, die für Fotografen posiert haben, jedoch nicht speziell für dieses Buch. Die Bilder dienen nur der Illustration des Geschriebenen. Bildnachweise auch beim Foto.